Catrin Misselhorn

Künstliche Intelligenz

Inhaltsverzeichnis

Was ist Intelligenz?

Es lassen sich verschiedene Formen der Intelligenz unterscheiden: visuell-räumlich, körperlich-kinästhetisch, musikalisch, interpersonal und intrapersonal, sprachlich und logisch-mathematisch. Um sich nicht auf bestimmte Intelligenzkriterien festlegen zu müssen, wird in der Künstlichen Intelligenz (KI) häufig der Mensch als Maßstab genommen, um intelligentes Verhalten zu definieren. Künstliche Intelligenz hat demnach das Ziel, Maschinen zu konstruieren, die sich auf eine Art und Weise verhalten, die man bei Menschen als intelligent bezeichnen würde. Nun wäre die Beherrschung der Grundrechenarten bei einem Menschen sicherlich ein Zeichen von Intelligenz. Doch die Schlussfolgerung, dass ein simpler Taschenrechner intelligent ist, ja: intelligenter als die meisten Menschen, weil er schneller rechnet und weniger Fehler

LZT

macht, erscheint absurd. Intelligenz erschöpft sich nicht darin, ein bestimmtes kognitives Problem zu lösen, sondern es kommt darauf an, wie das geschieht.

Das lässt sich mit Hilfe eines anderen Beispiels verdeutlichen. Bei dem Spiel *Drei Gewinnt* wetteifern zwei Spieler darum, auf einem quadratischen Spielfeld, das aus 3 × 3 Feldern besteht, als erster drei Zeichen in eine Zeile, Spalte oder Diagonale zu setzen. Die Zahl der möglichen Spiele ist begrenzt und beläuft sich auf 255.168. Es ist ziemlich einfach, ein Programm zu schreiben, das alle möglichen Spielfolgen erzeugt und diejenigen auszeichnet, die gewinnen. Den jeweils optimalen Spielzug muss das Programm dann nur noch von einer Liste ablesen. Allerdings lassen sich nicht viele kognitive Probleme auf diese Art und Weise lösen. Außerdem würden die meisten Menschen diese Methode, das Spiel zu spielen, wohl nicht als intelligent bezeichnen.

Auch wenn es schwierig ist, den Begriff der Intelligenz hieb- und stichfest zu definieren, lässt dieses Beispiel einige

LZT

6

Rückschlüsse darauf zu, welche Aspekte wichtig sind. So wird Intelligenz häufig mit der Fähigkeit verbunden zu lernen. Ein Programm, das die Regeln von *Drei Gewinnt* nicht kennt und aus der Beobachtung einer Reihe von Spielen darauf schließt, welche Regeln das Spiel ausmachen und welches die besten Strategien sind, um zu gewinnen, würden wir durchaus als intelligent gelten lassen. Auch die Fähigkeit, sich auf neue Situationen einzustellen, gehört zum intelligenten Verhalten. Tritt eine bislang nicht bekannte Spielsituation auf und gelingt es, darauf die passende Reaktion zu finden, so ist auch das eine intelligente Leistung. Schließlich ist auch die Fähigkeit zur Verallgemeinerung von Bedeutung für Intelligenz. Ein Programm, das in der Lage ist, alle möglichen Brettspiele zu lernen, scheint intelligenter zu sein als eines, das nur *Drei Gewinnt* spielen kann.

Die KI kann nun entweder das Ziel haben, bestimmte Anwendungsprobleme auf eine intelligente Art und Weise zu lösen. In diesem Fall geht es nicht darum, menschliche Intelligenz nachzubilden oder die Art und Weise, wie Menschen Probleme lösen, auf eine Maschine zu übertragen. Menschliche Intelligenz wird im besten Fall simuliert. Diese bescheidene Variante wird als *Schwache KI* bezeichnet. *Starke KI* ist hingegen mit dem Anspruch verbunden, eine dem Menschen vergleichbare allgemeine und flexible Form der Intelligenz hervorzubringen. Von *Super-* oder *Ultraintelligenz* spricht man, wenn es um eine KI geht, die die menschliche Intelligenz sogar übertrifft.

Turingmaschine – Ausstellung in der Harvard Collection of Historical Scientific Instruments.

Paradigmen der KI

KI stützt sich auf die Computertechnologie. Das abstrakte Modell, das einem herkömmlichen Digitalcomputer zugrunde liegt, ist die Turingmaschine. Diese wurde um 1936 von dem britischen Mathematiker Alan Turing (1912–1954) entwickelt. Es handelt sich dabei nicht um einen konkreten Gegenstand, sondern um ein mathematisches Objekt, das es erlaubt, die Begriffe des Algorithmus und der Berechenbarkeit zu formalisieren, die für die Funktionsweise eines Computers ausschlaggebend sind. Ein Algorithmus ist umgangssprachlich ausgedrückt eine formale Anleitung zur schrittweisen Lösung eines Problems: Das kann Euklids Algorithmus zur Berechnung des größten gemeinsamen Teilers zweier natürlicher Zahlen sein, aber auch ein Kochrezept. Die Ausgangshypothese der KI lässt sich nun so formulieren, dass intelligentes Verhalten algorithmisierbar und somit grundsätzlich durch eine Turingmaschine berechenbar ist. Auf dieser Annahme gründet das *Symbolverarbeitungsparadigma* der KI.

Von Anfang an war es ein Traum, dass die Entwicklung einer künstlichen Intelligenz auch ein Modell dafür darstellen könnte, wie Intelligenz beim Menschen funktioniert. Die Hoffnung gründete in der Annahme, mit dem digitalen Computer den Schlüssel dafür gefunden zu haben, wie sich menschliches Denken nachbilden oder zumindest simulieren lässt. Demnach ist das Gehirn ein symbolverarbeitendes System, das prinzipiell wie ein Computer arbeitet. Diese Sichtweise versprach einen Ausweg aus dem Leib-Seele-Problem, das die Philosophie seit Hunderten von Jahren umgetrieben hatte: Das Gehirn wäre so etwas wie die Hardware, während das, was wir gemeinhin als „Geist" bezeichnen, die Software ist, welche aus Datenstrukturen und Algorithmen besteht.

Einige Ansätze der KI versuchen der Beschaffenheit der Neuronen, aus denen das Gehirn besteht, stärker Rechnung zu tragen. Sie halten es für einen Fehler, gänzlich von der Beschaffenheit des menschlichen Gehirns zu abstrahieren, wenn man Intelligenz verstehen und nachbilden möchte. Diese Ansätze streben an, ein Analogon der Neuronenverbünde, die das menschliche Gehirn ausmachen, mit den Mitteln der Informatik zu konstruieren. Da es besonders auf die Verbindung zwischen den einzelnen Neuronen ankommt, spricht man auch von *Konnektionismus*. Allerdings handelt es sich nicht um eine Eins-zu-eins-Abbildung von Gehirnstrukturen, sondern um mathematische Modelle für Computerprogramme, die durch bestimmte Organisationsprinzipien biologischer neuronaler Netze inspiriert sind.

Es sind insbesondere solche künstlichen neuronalen Netze, die für die großen Erfolge des maschinellen Lernens verantwortlich sind, welche heutzutage vorwiegend unter dem Begriff der KI diskutiert werden. Im Grunde basieren sie auf dem

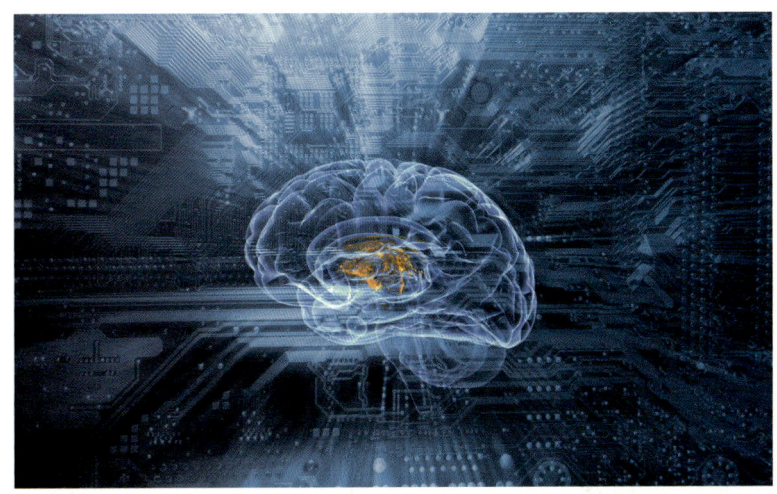

AKG Images 7255396

Prinzip des Lernens durch Mustererkennung. Dieser Lernprozess kann überwacht sein, d. h. dem Netz werden beispielsweise Bilder mit Katzen und solche ohne Katzen präsentiert. Dabei wird jeweils angegeben, auf welchem Bild eine Katze zu sehen ist. Es ist aber auch möglich, dem Netz nur Katzenbilder vorzulegen und keine weiteren Einschränkungen zu machen. In diesem Fall lernt das Netz nicht überwacht, und es bleibt ihm selbst überlassen, die relevanten Ähnlichkeiten herauszufinden. Die Gesichter von Katzen, ihre Körperform, Schwanz, Pfoten oder Schnurrhaare stellen sich zwar in ganz verschiedenen Posen, Farben und Blickwinkeln dar, dennoch bilden sie Muster, die ein neuronales Netz erkennen kann, wenn es mit sehr vielen Katzenbildern konfrontiert wird.

Ob menschliches Lernen ähnlich funktioniert, ist fraglich, schon weil wir nicht so großer Datenmengen bedürfen, um etwas zu lernen. Uns scheint es beim Lernen auf grundlegendere Zusammenhänge von Eigenschaften in der Welt anzukommen und nicht nur auf Ähnlichkeitsmuster. Gleichwohl ist das Verfahren sehr erfolgreich und kann anhand ganz verschiedener

Daten durchgeführt werden, z. B. anhand von Dokumenten, Bildern, Videos, Röntgenaufnahmen, Facebook Likes, Sprachaufnahmen oder Börsentransaktionen. Ist von *Big Data* die Rede, geht es zumeist um diese Form der KI. Auch wenn künstliche neuronale Netze möglicherweise anders lernen als Menschen, ist es dennoch aufgrund ihrer hohen kognitiven Leistungsfähigkeit (sie übertreffen die menschlichen Mustererkennungsfähigkeiten um ein Vielfaches) gerechtfertigt, von künstlicher Intelligenz zu sprechen.

In praktischer Hinsicht ist die Kluft zwischen dem Symbolverarbeitungsansatz und dem Konnektionismus jedoch gar nicht so tief, wie sie zunächst zu sein scheint. Für einige Anwendungen sind klassische Digitalcomputer die bessere Wahl, für andere sind es künstliche neuronale Netze. Der Symbolverarbeitungsansatz hat seine Stärke bei Problemen, die logisches Schließen erfordern, während künstliche neuronale

Netze besser sind, wenn es um Mustkennung auf der Grundlage verrauschter Daten geht, die verzerrt, instabil oder nicht eindeutig sind. Neuronale Netze kommen hingegen an ihre Grenzen, wenn es keine oder nur wenige Daten gibt, um ein Problem zu lösen, oder wenn es auf Fehlerfreiheit ankommt.

Künstliche neuronale Netze bilden aber nicht die einzige Alternative zum klassischen Symbolverarbeitungsparadigma. In den 1980er-Jahren kam ein neuer Ansatz ins Spiel, der unter den Begriffen der *Nouvelle AI, Embodied AI oder verhaltensbasierte KI* bekannt wurde. Während der Konnektionismus den Fehler des klassischen Paradigmas darin sah, Intelligenz gänzlich unabhängig von der Beschaffenheit des menschlichen Gehirns zu betrachten, fordert die verhaltensbasierte KI, auch den Körper und seine Umwelt mit einzubeziehen. Die beiden zentralen Schlagworte, die diesen Ansatz charakterisieren, sind daher Verkörperung und Situiertheit der Kognition. Im Vordergrund stehen nun nicht mehr anspruchsvolle geistige Leistungen, sondern senso-motorische Fähigkeiten, über die auch verhältnismäßig einfache Organismen wie Insekten verfügen. Dieser Ansatz bleibt folgerichtig nicht bei Computermodellen stehen, sondern führt zum Bau von Robotern, die über einen Körper, Sensoren und Aktoren verfügen. Ziel ist es, Systeme zu schaffen, die die Fähigkeit haben, ihre Umwelt wahrzunehmen, sich in ihr zu bewegen und Objekte zu manipulieren, so dass sie sich erhalten und unter Umständen sogar reproduzieren können.

Im Hinblick auf die praktischen Ergebnisse des verhaltensbasierten KI-Ansatzes kann man festhalten, dass dieser insbesondere im Hinblick auf die Ausstattung von Robotern mit senso-motorischen Fähigkeiten überzeugt. Betrachtet man hingegen das, was wir für gewöhnlich *Denken* nennen, als paradigmatischen Fall der Intelligenz, so kann der verhaltensbasierte Ansatz bislang keine überzeugenden Resultate vorweisen und es bleibt weiterhin schwierig, sich den Weg dorthin auszumalen. Generell scheint es also auf den Anwendungskontext anzukommen, welche Herangehensweise die beste ist.

Foto Kuka AG

Können Maschinen denken?

Alan Turing ist nicht nur der Vater der Turingmaschine. Er hat auch maßgeblichen Einfluss auf die Diskussion genommen, ob Maschinen denken können. Aus Turings Sicht ist allerdings schon die Ausgangsfrage problematisch. Es hängt davon ab, wie die Begriffe „Maschine" und „Denken" definiert werden und eine unumstrittene Definition dieser Begriffe ist für ihn nicht in Sicht. Statt die Frage direkt anzugehen, schlägt er deshalb vor, einen Test durchzuführen. Er nennt ihn das Imitationsspiel. Bekannt geworden ist die Situation jedoch als Turingtest.

Die Gestaltung dieses Tests soll Vorurteile gegenüber Maschinen ausschließen, die auf ihrer nicht-menschlichen Erscheinung beruhen. Ein menschlicher Fragesteller ist nur über Tastatur und Bildschirm mit zwei ihm unbekannten Gesprächspartnern verbunden. Der eine Gesprächspartner ist ein Mensch, der andere eine Maschine. Beide Gesprächspartner versuchen den Fragesteller davon zu überzeugen, dass sie Menschen sind. Gelingt es dem Fragesteller nach einer intensiven Befragung nicht, zu unterscheiden, welches die Maschine ist und welches der Mensch, hat sie den Turingtest bestanden. Der Maschine wäre in diesem Fall die Fähigkeit des Denkens zu attestieren. Eine Maschine zu konstruieren, die den Turingtest besteht, gehört seither zu den Herausforderungen, die die KI inspirieren. Es hat eine Reihe von Computerprogrammen gegeben, die den Anspruch erhoben, den Turingtest zu bestehen, aber bislang ist es in keinem Fall zweifelsfrei gelungen. Darüber hinaus gibt es grundsätzliche Kritik daran, den Turingtest als Maßstab dafür zu nehmen, ob Computer denken können.

Berühmt geworden ist John Searles (* 1932) philosophisches Gedankenexperiment des Chinesischen Zimmers. Es soll

AKG Images 507141

Deckard (Harrison Ford) auf der Jagd nach künstlicher Intelligenz in dem Film „Blade Runner", Hollywood 1982.

zeigen, dass ein Computer den Turingtest bestehen könnte, ohne wirklich zum Denken in der Lage zu sein. Stellen Sie sich vor, Sie sind in einem Zimmer eingeschlossen. Durch einen Schlitz werden Karten mit chinesischen Schriftzeichen zu ihnen hineingeschoben. Durch einen anderen Schlitz sollen Sie Ihrerseits Karten mit chinesischen Zeichen nach draußen reichen. Sie verstehen zwar kein Chinesisch, aber es gibt eine in Ihrer Muttersprache verfasste Anleitung, die beschreibt, auf welche Eingabezeichen Sie mit welchen Ausgabezeichen zu reagieren haben. De facto realisieren Sie so eine Turingmaschine, also ein Computerprogramm. Nehmen wir an, Ihre Reaktionen überzeugen die chinesischen Muttersprachler außerhalb des Zimmers davon, dass Sie Chinesisch können. Dürfen wir Ihnen deshalb die Fähigkeit zuschreiben, Chinesisch zu sprechen?

Für Searle ist die Antwort klarerweise: Nein. Sie verstehen nach wie vor kein Wort Chinesisch, auch wenn Sie die

Außenstehenden täuschen können. Per Analogieschluss gilt dasselbe für das Denken: selbst wenn ein Computer den Turingtest besteht, gibt es keinen Grund, ihm Denkfähigkeit zuzugestehen. Searles Argument richtet sich gegen den Anspruch der starken KI, menschliches Denken nicht nur zu simulieren, sondern wirklich durch ein Computerprogramm hervorzubringen. Der Grund dafür besteht darin, dass eine Turingmaschine rein syntaktisch, auf der Grundlage der formalen Eigenschaften von Zeichen, operiert, und ihre Bedeutung außer Acht lässt. Philosophisch gesprochen fehlt der Turingmaschine Intentionalität, also die Fähigkeit, sich mit den Zeichen auf Dinge in der Welt zu beziehen.

Man könnte nun meinen, Searles Kritik richte sich nur gegen den Symbolverarbeitungsansatz, die beiden anderen Paradigmen der KI, Konnektionismus oder verhaltensbasierte KI, könnten ihr jedoch entgehen. Vertreter des Konnektionismus haben vorgeschlagen, an die Stelle des einsamen Insassen des chinesischen Zimmers ein neuronales Netzwerk zu setzen. Doch Searle hat diesen Einwand antizipiert und das Szenarium so modifiziert, dass auch dieser Ansatz betroffen ist. Die konnektionistische Architektur lässt sich so nachstellen, dass das chinesische Zimmer nun eine Turnhalle ist, in der sich statt einer Person eine Hundertschaft oder noch mehr Insassen befinden. Jeder von ihnen spricht nur seine Muttersprache, bearbeitet aber dieses Mal lediglich einen kleinen Teilausschnitt aus dem Regelwerk. Alle zusammen funktionieren wie ein neuronales Netzwerk. Es spricht für Searle kein Deut mehr dafür, diesem System Denken zuzuschreiben als dem einfachen chinesischen Zimmer.

Gemäß der Roboterreplik fehlt der Person im chinesischen Zimmer zum Bedeutungsverstehen hingegen eine kausale Verbindung zur Welt. Wenn wir den Computer in einen Roboter einbauen würden, der wahrnehmen und sich bewegen kann, könnte dieser echtes Bedeutungsverstehen entwickeln. Searle hat auch diesen Einwand bereits vorweggenommen und argumentiert, dass es die Situation nicht verändern würde,

erhielte das chinesische Zimmer seinen sprachlichen Input über eine Fernsehkamera oder Mikrofone und könnte mit Hilfe seiner Ausgaben Motoren in Gang setzen, die Arme und Beine bewegen. Der Insasse des Zimmers verstünde die Bedeutung der chinesischen Schriftzeichen immer noch nicht.

Einen Unterschied würde es freilich machen, wenn die senso-motorische Ausstattung des chinesischen Zimmer es ermöglichen würde, Zeichen mit Gegenständen in der Welt zu verknüpfen. Könnte der Insasse auf dem Bildschirm beispielsweise Hamburger sehen, wäre es ihm im Lauf der Zeit möglich, nach dem Prinzip von Versuch und Irrtum das chinesische Zeichen für „Hamburger" zu lernen. Ein solcher Interpretationsprozess scheint jedoch nicht nur den Symbolverarbeitungsansatz hinter sich zu lassen, sondern auch jenseits des Horizonts der anderen Paradigmen der künstlichen Intelligenz zu liegen.

Ein grundsätzlicherer Einwand ist, dass Searles Kritik zu stark ist. Denn die chinesischen Zeichen sind ja nicht bedeutungslose Kritzeleien. Sie haben Bedeutung und werden auf sinnvolle Art und Weise miteinander verknüpft. Nichts anderes ist Denken. Das chinesische Zimmer denkt also durchaus, auch wenn der Inhalt der Gedanken dem Insassen nicht bewusst ist. Searle kontert diesen Einwand mit dem Verweis auf die Unterscheidung zwischen abgeleiteter und intrinsischer Intentionalität. Das chinesische Zimmer besitze nur abgeleitete Intentionalität, weil seine Zeichenverwendung abhängig von der bereits bestehenden chinesischen Sprachpraxis sei, die den Hintergrund des Verstehens der Personen außerhalb des Zimmers darstelle. Es liege aber keine intrinsische Intentionalität vor, die unabhängig von der vorgängigen Verwendung eines Zeichens durch Menschen sei. Das Merkmal intrinsischer Intentionalität ist für Searle Bewusstsein. Um zu denken, genügt es nicht, Zustände mit einer bestimmten Bedeutung aufzuweisen, sondern diese Bedeutung muss bewusst sein.

Maschinenethik und „Artificial Morality"

Ein jüngerer Forschungszweig der KI-Forschung ist die „Artificial Morality." Während die „Artificial Intelligence" zum Ziel hat, die kognitiven Fähigkeiten von Menschen zu modellieren oder zu simulieren, geht es bei der Forschung zur „Artificial Morality" darum, künstliche Systeme mit der Fähigkeit zu moralischem Entscheiden und Handeln auszustatten. Die Maschinenethik stellt den theoretischen und ethischen Rahmen bereit, um darüber nachzudenken, ob und wie man künstliche Systeme mit moralischer Entscheidungs- und Handlungsfähigkeit ausstatten kann, welche moralischen Standards hierfür geeignet sind und ob man Maschinen überhaupt moralische Entscheidungen überlassen sollte bzw. in welchen Bereichen dies unbedenklich ist.

Die Notwendigkeit, von der KI zur Künstlichen Moral überzugehen, hängt mit dem technologischen Fortschritt zusammen. Je komplexer und autonomer künstliche Systeme werden, desto eher müssen sie in der Lage sein, ihr Verhalten in einem gewissen Rahmen selbst zu regulieren. Das bringt es mit sich, dass sie auch in Situationen geraten, die moralische Entscheidungen verlangen. Die scheinbar einfachste Alternative zu Systemen, die diese Kontrolle selbst ausüben können, besteht darin, die permanente Überwachung und „Online"-Kontrolle durch einen menschlichen Benutzer zu fordern, der dann die moralisch relevanten Entscheidungen trifft. In vielen Bereichen wird dies allerdings kaum möglich sein, sollen Maschinen ihren Zweck optimal erfüllen, sei es aufgrund von Personalmangel, weil schnelle Entscheidungen von Nöten sind, weil die Einsatzsituationen zu gefährlich sind oder weil menschliches Eingreifen selbst einen Risikofaktor darstellt.

Wir wollen beispielsweise Saugroboter autonom durch die Wohnung fahren lassen und nicht noch jemanden benötigen, der sie permanent beaufsichtigt. Selbst ein so einfaches Modell wie ein Staubsaugerroboter steht nun bereits einer ethischen Entscheidung gegenüber, nämlich: Soll er einen Marienkäfer einfach einsaugen oder soll er den Käfer verscheuchen bzw. umfahren? Und wie sieht es bei einer Spinne aus? Man kann sich fragen, ob bei dem Saugroboter wirklich schon Ethik ins Spiel kommt. Bei näherem Nachdenken ist das jedoch der Fall, denn diese Entscheidungen beinhalten die Abwägung, ob es richtig ist, Tiere um der Sauberkeit willen zu töten oder nicht. Und das ist eine ethische Frage. Noch ist ein Saugroboter, der solche Entscheidungen treffen kann, nicht serienmäßig erhältlich. Aber es gibt einen Prototyp namens Ladybird, der über ein Ethikmodul verfügt. Ladybird verschont Marienkäfer und verscheucht oder umfährt sie. Auf Wunsch kann er mit einem Kill-Button für Spinnen ausgestattet werden. Dieses Beispiel zeigt, dass die Maschinenethik nicht nur Science-Fiction ist, sondern schon bei einfachen Anwendungen beginnt.

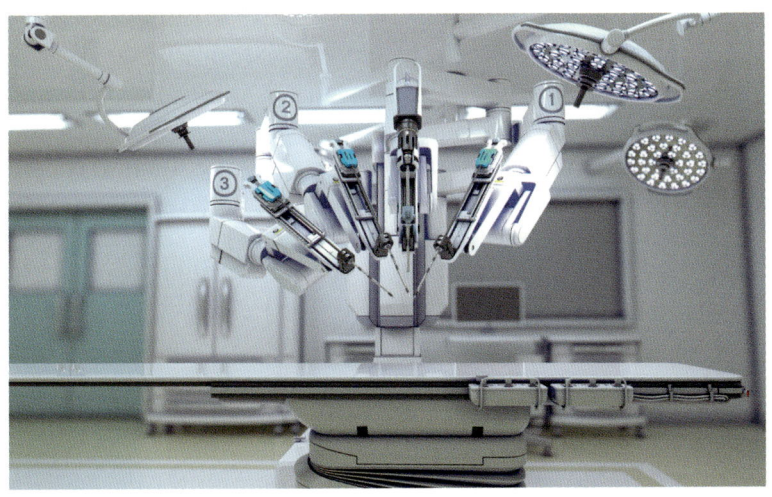

Während Staubsaugerroboter vielleicht noch wie ein verzichtbares Spielzeug erscheinen, verspricht die Maschinenethik in anderen Einsatzbereichen, dringlichere Probleme zu lösen, etwa in der Altenpflege. Aufgrund des demografischen Wandels wird der Anteil pflegebedürftiger Menschen in den nächsten Jahrzehnten stark zunehmen. Künstliche Systeme werden immer wieder als eine Möglichkeit ins Spiel gebracht, um dem Pflegenotstand entgegenzutreten. Doch Systeme, die in diesem Kontext eingesetzt werden sollen, stehen vor moralischen Entscheidungen, beispielsweise: Wie häufig und eindringlich soll ein Pflegesystem an Essen und Trinken sowie die Einnahme von Medikamenten erinnern? Wann sollte ein Pflegesystem die Angehörigen verständigen oder den medizinischen Dienst rufen, wenn jemand sich eine Zeitlang nicht rührt? Soll das System den Nutzer rund um die Uhr überwachen und wie ist mit den dabei erhobenen Daten zu verfahren?

In all diesen Situationen muss ein künstliches System zwischen bestimmten moralischen Werten abwägen: Im ersten Fall beispielsweise zwischen der Selbstbestimmung des

Wikipedia, *Richard Huber*

Autonomes Fahren mit dem Elektrobus vom Neuen Marktplatz zur Rottal Terme im Oktober 2017.

Nutzers und bestimmten gesundheitlichen Risiken, die entstehen, wenn er seine Medikamente nicht wie vorgeschrieben einnimmt. Im zweiten Fall zwischen der Selbstbestimmung des Nutzers, der Sorge der Angehörigen, die vielleicht gerne sofort informiert würden, und erneut der Gesundheit. Im dritten Fall geht es wiederum um die Selbstbestimmung des Nutzers, Gesundheit, die Sorge der Angehörigen sowie um die Privatheit seiner Daten.

Ein weiteres viel diskutiertes Beispiel für die Notwendigkeit moralischer Maschinen ist das autonome Fahren. Auch vollautomatisierte Fahrzeuge stehen vor moralischen Entscheidungen. So gilt es beispielsweise, sie so zu programmieren, dass in unvermeidlichen Gefahrensituationen der Schutz menschlichen Lebens Vorrang vor Sach- und Tierschäden besitzt. Doch auch Tiere sollten nach Möglichkeit verschont werden. Eine besondere Schwierigkeit stellen die in diesem Anwendungsbereich unter Umständen auftretenden moralischen Dilemmata dar, bei denen beispielsweise eine Entscheidung darüber getroffen werden muss, ob eine geringe Zahl an Menschenleben aufs Spiel gesetzt werden darf, um eine größere Zahl zu retten, wenn dies unvermeidbar ist.

Nicht zu vergessen sind schließlich die militärischen Anwendungen. Der Traum besteht darin, dass keine Soldaten mehr auf dem Schlachtfeld ihr Leben aufs Spiel setzen müssen, sondern an ihrer Stelle autonome Maschinen in den Kampf geschickt werden. Diese sollen mit dem Kriegsvölkerrecht und kontextspezifischen Einsatzregeln ausgestattet werden, die ihren Handlungsspielraum begrenzen und sicherstellen, dass sie sich rechtlich und moralisch einwandfrei verhalten. So müssen sie entscheiden, wann eine Aktion militärisch notwendig und angemessen ist und wie sich Kombattanten von Zivilisten unterscheiden lassen.

picture-alliance/ dpa 6922401, Keystone Herrick,
robo-soldier der US Armee.

Man könnte allerdings argumentieren, dass es nicht das Pflegesystem, das autonome Auto oder der Kampfroboter ist, die in diesen Fällen eine moralische Entscheidung treffen, sondern die Programmierer dieser Geräte. Doch je größer die Fortschritte der Künstlichen Intelligenz werden, desto weniger können die Entwickler planen und vorhersagen, welche Entscheidungen ein System in einer spezifischen Situation treffen wird. So spielt schon ein Schachprogramm weit besser als seine Programmierer, die nicht jeden einzelnen Zug des Systems vorhersagen können. Das gilt umso mehr für ein so komplexes System wie Alpha Go Zero, das zunächst nur die Grundregeln des Spiels Go kennt und dann durch das Durchspielen einer Vielzahl von Partien gegen sich selbst zu den optimalen Entscheidungsstrategien findet. In kürzester Zeit gelang es diesem System, seinen Vorgänger Alpha Go zu schlagen, der als erstes künstliches System einige der weltbesten menschlichen Go-Spieler besiegte.

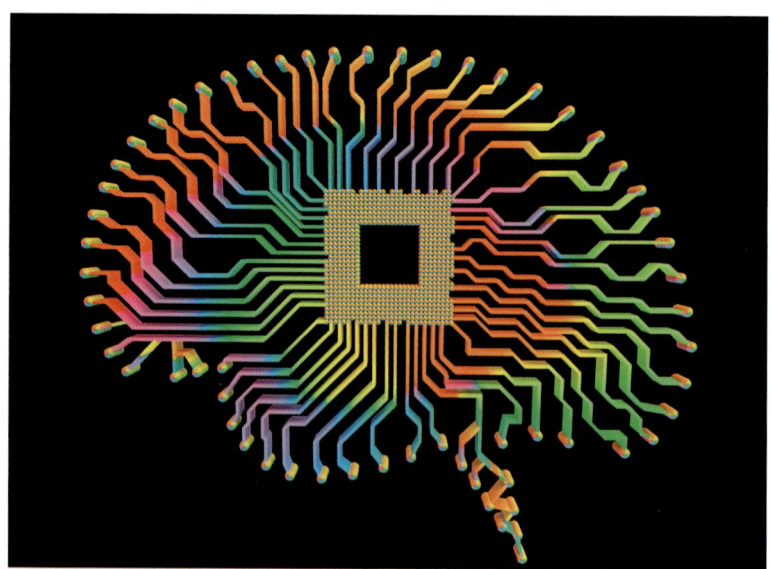

Künstliche und menschliche Moral

Doch selbst wenn man zugesteht, dass es in vielen Anwendungsbereichen sinnvoll wäre, wenn Maschinen moralisch handeln könnten, ist damit noch nicht geklärt, ob sie dazu auch in der Lage sind. Die erste Frage ist, ob autonome Systeme überhaupt handeln können. Die zweite ist, ob die Handlungen künstlicher Akteure als moralisch gelten können. Die Problematik der grundsätzlichen Handlungsfähigkeit lässt sich innerhalb der philosophischen Handlungstheorie entlang zweier Achsen beschreiben: der Fähigkeit, als selbstursprüngliche Quelle des eigenen Tuns zu fungieren sowie der Fähigkeit, sich an Gründen zu orientieren. Beide Fähigkeiten müssen als graduelle Attribute begriffen werden, d. h. sie kommen verschiedenen Arten von Akteuren in unterschiedlichem Maße zu.

Der Begriff der Selbstursprünglichkeit wurde von der philosophischen Tradition teilweise im Sinn der Akteurskausalität verstanden, d. h. dass eine Handlung von einem Akteur ohne vorhergehende Ursache initiiert wird. Ein metaphysisch so anspruchsvoller und umstrittener Begriff der Selbstursprünglichkeit ist jedoch nicht zwingend. Man kann eine einfache Form der Selbstursprünglichkeit auch dann als gegeben sehen, wenn ein System mit der Umwelt interagiert (Interaktivität), dabei eine gewisse Anpassungsfähigkeit an sich ändernde Bedingungen aufweist (Adaptivität) und in der Lage ist, eine Aktivität ohne direkte menschliche Intervention aufzunehmen (Unabhängigkeit).

Über eine solche primitive Form der Selbstursprünglichkeit können auch Maschinen verfügen, insbesondere solche, die von Computern gesteuert werden. Zwar gibt ein Programm vor, wie sich eine Maschine zu verhalten hat, aber im Einzelfall

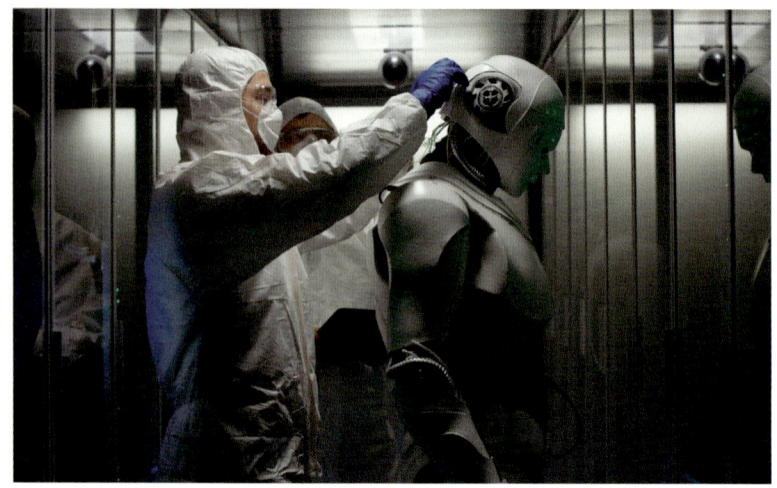

agiert sie, ohne dass ein Mensch eigens eingreift. Werden Verfahren der KI, beispielsweise maschinelles Lernen, eingesetzt, so ist es sogar die Aufgabe der Maschine, das moralisch angemessene Verhalten selbst aus den Daten zu erschließen.

Die zweite Achse, die Fähigkeit, sich an Gründen zu orientieren, hängt eng mit der Möglichkeit zusammen, Informationen zu verarbeiten. Dem klassischen Modell der Handlungstheorie zufolge besteht der Grund einer Handlung in der Kopplung einer Überzeugung mit einer Pro-Einstellung. Die Überzeugung bezieht sich auf den Ist-Zustand, während die Pro-Einstellung den Sollzustand angibt. Dabei kann es sich beispielsweise um einen Wunsch handeln. Ich gehe in die Bibliothek, weil ich ein bestimmtes Buch ausleihen möchte und der Überzeugung bin, dass es in der Bibliothek vorhanden ist. Hinzu kommt nach manchen Ansätzen eine Intention, die dafür verantwortlich ist, dass der Wunsch auch mit Hilfe eines Plans in die Tat umgesetzt wird.

In der Diskussion ist umstritten, ob Handeln aus Gründen lediglich erfordert, dass das Verhalten eines Systems auf diese Art und Weise interpretiert werden kann oder ob ein

28

künstliches System auch über gewisse innere Zustände verfügen muss, die den Gründen entsprechen. Wird letzteres gefordert, kann ein künstliches System als funktional äquivalent zu einem menschlichen Akteur verstanden werden, wenn es über Zustände verfügt, denen eine analoge Funktion zukommt, wie Meinungen, Wünschen und Intentionen beim Menschen. Insbesondere Systeme, die auf dem sogenannten BDI (=Belief–Desire–Intention) Software Modell beruhen, operieren mit symbolischen Repräsentationen, die als funktional äquivalent mit Meinungen, Wünschen und Intentionen gelten können. Das ist ausreichend, um ihnen in einem funktionalen Sinn die Fähigkeit zuzuschreiben, aus Gründen zu handeln. Künstliche Systeme, die zu selbstursprünglichem Handeln aus Gründen in der Lage sind, können als Akteure gelten.

Moralische Handlungsfähigkeit wiederum liegt in einfacher Form vor, wenn die Gründe, nach denen ein System handelt, moralischer Natur sind. Dies ist auf einer rudimentären Ebene schon dann gegeben, wenn ein System über Repräsentationen moralischer Werte verfügt, die die zuvor angegebenen basalen Bedingungen für das Handeln aus Gründen erfüllen (d. h. es gibt funktionale Äquivalente zu moralischen Überzeugungen, moralischen Pro-Einstellungen und Intentionen). Wenn ein System beispielsweise den Wert der Patientenautonomie als Pro-Einstellung besitzt und zu der Überzeugung kommt, dass dieser Wert in einer bestimmten Situation verletzt wird, dann wird es versuchen, so auf die Situation einzuwirken, dass dieser Wert wieder realisiert wird.

Vollumfängliche moralische Handlungsfähigkeit, wie sie Menschen typischerweise besitzen, kommt künstlichen Systemen allerdings nicht zu. Zum einen ist der Einsatzbereich von Maschinen mit Moral normalerweise auf einen bestimmten Anwendungsbereich beschränkt, die menschliche Moralfähigkeit umfasst jedoch potentiell jeden beliebigen Bereich des Lebens. Zudem verfügen künstliche Systeme bislang nicht wirklich über Bewusstsein und Willensfreiheit. Bewusstsein im Sinne des subjektiven Erlebens wäre beispielsweise erforderlich, um moralische Emotionen wie Mitgefühl oder auch Schuldgefühle empfinden zu können. Searles eingangs angesprochenes Gedankenexperiment des Chinesischen Zimmers lässt es grundsätzlich fraglich erscheinen, ob Computer jemals Bewusstsein erlangen können. Willensfreiheit eröffnet die Möglichkeit, sich auch gegen eine als moralisch erkannte Handlungsoption zu entscheiden und unmoralisch zu handeln. Auch diese Fähigkeit besitzen künstliche Systeme bislang nicht und sollten sie zum Schutz des Nutzers auch nicht haben.

Außerdem können künstliche Systeme anders als Menschen ihre moralischen Entscheidungen und die ihnen zugrundeliegenden Werte nicht reflektieren, diese begründen oder gar selbständig verändern. Aus diesem Grund können sie auch keine moralische Verantwortung übernehmen. Maschinen stellen demnach einen Sonderfall dar, in dem moralisches

picture alliance/Geisler-Fotopress 117443500

Roboter ‚*Pepper*' am Stand von Phänomenta auf der didacta Bildungsmesse, Köln, 22. Februar 2019.

Handeln ohne moralische Verantwortung gegeben ist. Nicht zuletzt stellt sich die Frage, ob wir Maschinen gegenüber, die über Bewusstsein, Willensfreiheit oder die Fähigkeit zur moralischen Reflexion verfügen, nicht auch moralische Verpflichtungen hätten. Das brächte Komplikationen für ihren praktischen Einsatz mit sich. Selbst wenn es möglich wäre, Systeme mit diesen Eigenschaften zu konstruieren, wäre das weder notwendig noch wünschenswert für intelligente und moralisch handlungsfähige Systeme in einem grundlegenden und für die Anwendungspraxis geeigneten Sinn.

picture alliance / Ole Spata/dpa 89175094

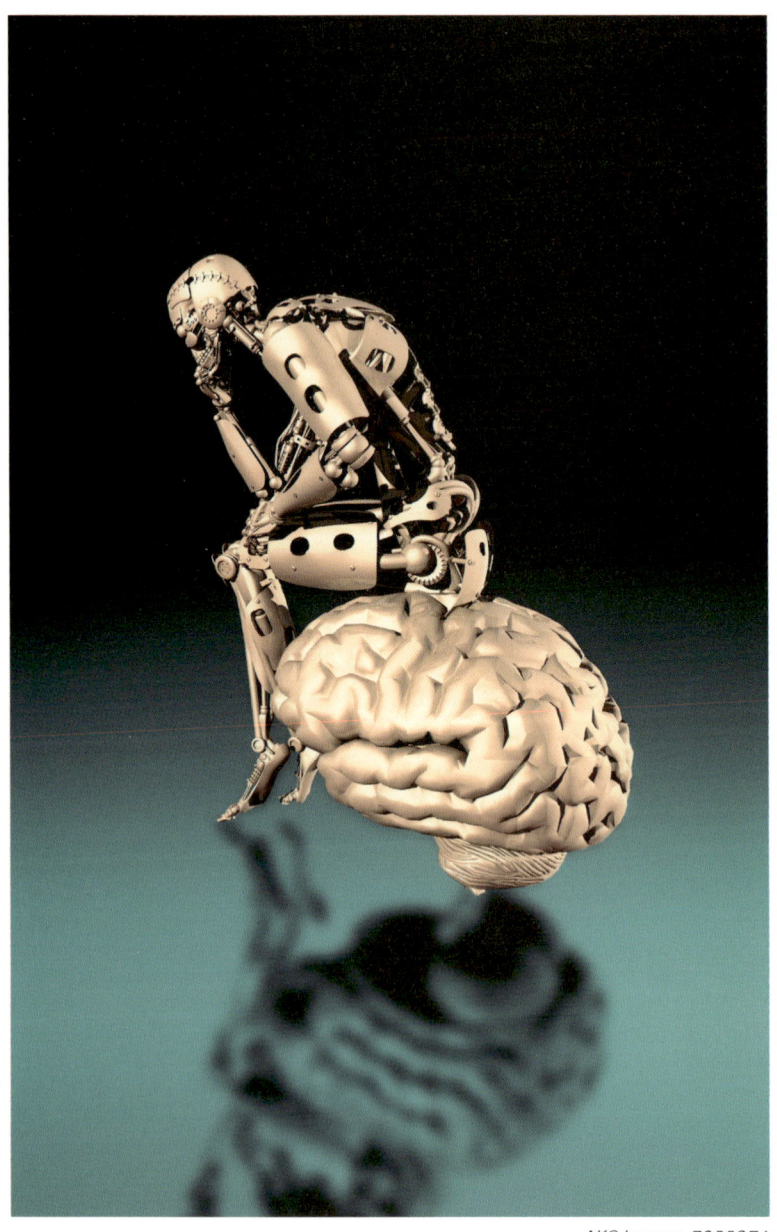

AKG Images 7255374

Ausblick: Technologische Singularität

Bis heute können Maschinen, wie wir gesehen haben, bestenfalls im Sinn der schwachen KI Intelligenz beanspruchen. Um eine dem Menschen vergleichbare Intelligenz und vollumfängliche moralische Handlungsfähigkeit zu erreichen, fehlen ihnen Fähigkeiten wie Bewusstsein, Willensfreiheit und Selbstreflexion. Darüber hinaus ist die Intelligenz und moralische Handlungsfähigkeit von Maschinen eng begrenzt auf bestimmte Anwendungsbereiche.

Doch könnte es sein, dass es eines Tages gelingt, Maschinen zu konstruieren, deren künstliche Intelligenz dem

istockphoto 187463388

Menschen in nichts nachsteht, ja, diese sogar übertrifft? Bei den Prognosen, dass es in absehbarer Zeit zur Entwicklung einer Super- oder Ultraintelligenz kommen wird (man spricht auch von technologischer Singularität), handelt es sich bislang jedoch um reine Spekulation. Bereits die Entwicklung einer der menschlichen Intelligenz gleichwertigen KI steht vor Hindernissen, deren Überwindung nicht abzusehen ist. Wir haben weder empirisch noch philosophisch Grund zu der Annahme, dass es in absehbarer Zeit gar zur Entwicklung einer Super- oder Ultraintelligenz kommen wird.

Literatur:

Asimov, Isaac: Alle Robotergeschichten (dt. Übersetzung, Köln 2011).

Bendel, Oliver (Hg.): Handbuch Maschinenethik. Wiesbaden 2019.

Lenzen, Manuela: Künstliche Intelligenz. Was sie kann und was uns erwartet. München 2018.

Misselhorn, Catrin: Grundfragen der Maschinenethik. Stuttgart 2018, 3. Auflage 2019.

Seibring, Anne (Hg.): Künstliche Intelligenz. Aus Politik und Zeitgeschichte (APuZ 6-8/2018).

Woopen, Christiane und Marc Jannes (Hg.): Roboter in der Gesellschaft: Technische Möglichkeiten und menschliche Verantwortung. Wiesbaden 2019.

Filme (Auswahl):

Blade Runner (Ridley Scott, USA 1982)

Blade Runner 2049 (Dennis Villeneuve, USA 2017)

Ex Machina (Alex Garland, England 2015)

Her (Spike Jonze, USA 2013)

I, Robot (Alex Proyas, Deutschland/USA 2004)

Neuere Serien:

Real Humans (Lars Lundström, Schweden 2012)

Westworld (Jonathan Nolan und Lisa Joy, USA 2016)